PENSAMIENTO POSITIVO

La Guía Más Eficiente para una Mente Sana y Positiva

(La Mejor Guía para Sobreponerse a la Negatividad y Alcanzar la Felicidad)

Goio Cotto

Publicado Por Daniel Heath

© **Goio Cotto**

Todos los derechos reservados

Pensamiento Positivo: La Guía Más Eficiente para una Mente Sana y Positiva (La Mejor Guía para Sobreponerse a la Negatividad y Alcanzar la Felicidad)

ISBN 978-1-989808-65-8

Este documento está orientado a proporcionar información exacta y confiable con respecto al tema y asunto que trata. La publicación se vende con la idea de que el editor no esté obligado a prestar contabilidad, permitida oficialmente, u otros servicios cualificados. Si se necesita asesoramiento, legal o profesional, debería solicitar a una persona con experiencia en la profesión.

Desde una Declaración de Principios aceptada y aprobada tanto por un comité de la American Bar Association (el Colegio de Abogados de Estados Unidos) como por un comité de editores y asociaciones.

No se permite la reproducción, duplicado o transmisión de cualquier parte de este documento en cualquier medio electrónico o formato impreso. Se prohíbe de forma estricta la grabación de esta publicación así como tampoco se permite cualquier almacenamiento de este documento sin permiso escrito del editor. Todos los derechos reservados.

Se establece que la información que contiene este documento es veraz y coherente, ya que cualquier responsabilidad, en términos de falta de atención o de otro tipo, por el uso o abuso de cualquier política, proceso o dirección contenida en este documento será responsabilidad exclusiva y absoluta del lector receptor. Bajo ninguna circunstancia se hará responsable o culpable de forma legal al editor por cualquier reparación, daños o pérdida monetaria debido a la información aquí contenida, ya sea de forma directa o indirectamente.

Los respectivos autores son propietarios de todos los derechos de autor que no están en posesión del editor.

La información aquí contenida se ofrece únicamente con fines informativos y, como tal, es universal. La presentación de la información se realiza sin contrato ni ningún tipo de garantía.

Las marcas registradas utilizadas son sin ningún tipo de consentimiento y la publicación de la marca registrada es sin el permiso o respaldo del propietario de esta. Todas las marcas registradas y demás marcas incluidas en este libro son solo para fines de aclaración y son propiedad de los mismos propietarios, no están afiliadas a este documento.

TABLA DE CONTENIDO

Parte 1 1

Introducción 2

Capítulo 1: Qué Es El Pensamiento Positivo 4

Capítulo 2: Los Beneficios Del Pensamiento Positivo 13

Capítulo 3—Paso 1: Planeación De Vida Con Una Visiónpositiva 19

Capítulo 4— Paso 2: Lleve A Cabo Un Inventario Personal 21

Capítulo 5 — Paso 3: Determine Las Causas 23

Capítulo 6 — Paso 4: Su Participación 27

Capítulo 7— Paso 5: Desconéctese 31

Capítulo 8— Paso 6: La Naturaleza Humana Y La Autocomprensión 37

Capítulo 9 — Paso 7: Descubra Y Comprenda Sus Propias Necesidades Emocionales 41

Capítulo 10 — Paso 8: Fuentes De Apoyo 46

Capítulo 11 — Paso 9: La Regla De Oro 51

Capítulo 12 — Paso 10: Influencie A Otros 54

Conclusión 56

Parte 2 59

Introducción 60

Capítulo 1: La Actitud Positiva Y Su Relación Con La Felicidad 62

Capítulo 2: Separando La Actitud Positiva Y Negativa 65

Capítulo 3: Cómo Disminuir La Actitud Negativa 68

Desarrollar Una Actitud Positiva 68

Tómalo Con Calma 69

Todo Cambiará 69

Mantener La Negatividad A Raya 70

No Te Menosprecies 71

No Vivas En El Pasado 71

Sin Autocompasión 72

Que No Te Afecte La Crítica/Juicio 72

Destaca Como En Un Concurso 73

Inspírate 74

Siempre Apréciate A Ti Mismo 74

Sé Agradecido 75

Cree En Dar 75

Acepta El Recibir 76

Futura Línea De Acción 76

Capítulo 4: Rutina Diaria Para Una Actitud Positiva 78

Ve A La Cama Feliz 78

Despiértate Temprano 79

Conéctate Con La Familia 80

Conéctate Con Los Compañeros 80

Ejercítate 81

Yoga 82

Dieta Y Estilo De Vida 82

Relájate 83

Sigue Tu Corazón 83

Explora	84
Voluntariado	84
Pasatiempo	85
Reduce El Tiempo De Televisión	85
Lee	86
Conclusión	87

Parte 1

Introducción

Ante todo, quiero agradecerle y felicitarle por haber descargado el libro.
Hay personas que dicen que el conocimiento es poder, pero yo no estoy de acuerdo. Yo creo más bien que el conocimiento es energía potencial.Sólo se traduce en verdadero poder a través de la **acción.**
Lo que hacemos tiene siempre su origen en lo que sabemos. Lo que sabemos es lo que hemos aprendido voluntariamente o lo que involuntariamente hemos absorbido a través de la experiencia. Una manera de aprender conscientemente es leyendo libros.Pero leer un libro no es suficiente para aprender. Hay que poner en acción lo que se aprende, ejecutándolo o implementándolo.
Si desea un cambio real en su vida, debe practicar lo que aprende. Sólo entonces los conocimientos potenciales que hayaadquirido leyendo un libro se convertirán en realidad. Si pretende sololeer, pero no traducesus

conocimientos en acciones, no vale la pena continuar. El cambio que desea no puede ocurrir sisu conocimiento no se traduce en acciones concretas.

Un aprendizaje muy importante y necesario para el éxito es el desarrollo del *pensamiento positivo*. El aprendizaje, al igual que el éxito y la calidad de vida, son aspectos positivos. Y la adquisición de estos aspectos positivos requiere de una forma igualmente positiva para asegurarlos. Y el medio necesario para asegurarlos es a su vez, el *pensamiento positivo*.

Un pesimista o alguien con carácter destructivo, por ejemplo, no puede esperar tener éxito y vivir feliz. Si por alguna circunstancia tienen éxito en algo, este éxito eventualmente desaparecerá o no les dará la máxima satisfacción.

Usted está a punto de averiguar qué es el pensamiento positivo, qué beneficios emocionantes de por vida va a derivar de él y cómo desarrollarlo en 10 formas fáciles y efectivas. ¡Va a alegrarse de haberlo hecho!

Capítulo 1: Qué es el Pensamiento Positivo

Todos en este planeta queremos tener éxito y ser tan felices como nos sea posible. Esto se aplica siempre, no importa cuántas desgracias parezcan opacar este deseo natural de felicidad. La felicidad es el único fin de la vida y el *pensamiento positivo* es el único medio para lograrlo.

El investigador en psicología Remez Sasson define el *pensamiento positivo* como el hábito o actitud mental y emocional de apoyarse en el lado positivo de las cosas. Ve todas las cosas, sobre todo las adversidades, como que están desapareciendo y que al final todo está saliendo bien. Es similar al optimismo, que es la creencia en que el futuro solo promete cosas buenas.

Un pensador positivo le resta importancia a las situaciones y percepciones negativas. Se basa en la superioridad del bien y de la felicidad y de todo lo que ellas representan. Ellos creen que la naturaleza le ayudará al ser humano a superar todos los obstáculos.Están fuertemente convencidos de que la vida es básicamente buena y que conducirá solo a lo que es bueno y reemplazará todo lo que sea adverso.

Pensadores Positivos vs.Pensadores Negativos

Sasson en su artículo"El Poder del Pensamiento y la Actitud Positivos" añade ademásque la respuesta equivocada a una mala experiencia y una educación incorrecta terminan llevando a pensamientos negativos.Las personas reaccionan de forma diferente a las experiencias debido a las diferencias individuales.También los pensadores negativos en una familia influyen en los demás miembros para que sean como ellos.Esto hace que la educación y la compañía que escojamos se conviertan en piezas muy importantes para nuestro éxito y felicidad.La exposición constante a una mala actitud es mucho más infecciosa delo que puede seruna enfermedad física.Tenga en cuenta lo queJim Rohn, experto en mentalidad personal, siempre suele proclamar durante sus seminarios:"Usted termina convirtiéndose en el promedio de las 5 personas con las que se asocia con más frecuencia".En otras palabras, si constantemente se asocia con pensadores negativos, eso lo terminará llevando a la negatividad.

Hay muchos pensadores negativos alrededor nuestro.Son los que se desaniman fácilmente, los que desconfían de otros, los que no cooperan con los demás y los que amplían fuera de toda proporción el lado negativo de una situación.Ellos también desacreditan a los optimistas y pensadores positivos a quienes tachan de poco realistas y solo soñadores.La vida para ellos es una ingrata tarea o un dolor que deben soportar.Nadie quiere estar cerca de los pensadores negativos.

Hay Buenas Noticias
Por otra parte, hay una tendencia creciente—hay cada vez más y más personasque creen que el mundo está para hacernos bien.Ellos ven la luz al final del túnel a pesar de las dificultades crecientes del día de hoy.Ellos creen que hemos sido creados para cosas buenas y que esa misma buena voluntad finalmente triunfará sobre el mal.

El positivismo, el pensamiento positivo y el optimismo rápidamente están ganando cada vez más partidarios.Ellos creen que el pensamiento positivo es un medio eficaz para todos los resultados positivos.La tendencia se puede ver en la rápida venta de libros y en la asistencia a conferencias y cursos sobre el pensamiento positivo.

El pensamiento positivo puede entenderse como una forma de sobrevivir a la embestida de las sucesivas tribulaciones modernas — fracasos escolares, distanciamientos y separaciones familiares, pérdida de puestos de trabajo, enfermedades, etc.El deseo de seguir viviendo o de seguir adelante requiere de un cambio en la perspectiva, de negativa a positiva.Visto de otra manera puede ser, como lo indica Sasson, el resultado de una toma de consciencia personal sobre la primacía del bien sobre el mal.

Un Hábito, Una Forma de Vida

El pensador positivo no necesariamente es una persona que es inusualmente afortunada y que se ha librado de dificultades o de rechazos, escribe Sasson.Tampoco es un soñador ni alguien que ha perdido el contacto con la realidad.Por el contrario, es alguien cuya percepción global del mundo y de la vida se centran en la convicción de que el universo está para hacernos bien, en lugar de para hacernos mal o causarnos dolor.

Al igual que otras personas, el pensador positivo puede experimentar angustias o enfrentar desastres, pero puede sobrellevarlos porque cree que la vida y la naturaleza están construidas sobre la bondad.A pesar de la prevalencia de la injusticia, el aparente predominio de la hostilidad, la rotura de todo y la propia falta de humanidad, su convicción sigue siendo que al final triunfará la buena voluntad.Esto es porque cree en un Rector Supremo que controla todas las cosas.Este Rector Supremo resolverá todos los problemas y traerá la felicidad a este mundo en el momento adecuado.

El pensador positivo es permanentemente optimista. Su visión afirmativa y de esperanza no es algo momentáneo. No es algo que se le aplique sólo a algunas situaciones, ni que dependa de su estado de ánimo. Es algo que impregna todo su ser. Se manifiesta en sus actividades y relaciones, tanto ordinarias como extraordinarias.

El pensamiento positivo es una cultura personal. Aunque el pensador positivo es tan humano como cualquier otro, su creencia en la supremacía de la bondad impregna todo su ser. Tiene altibajos como todo el mundo, pero su optimismo y su actitud positiva le sirven a la vez como escudo y como mecanismo de apoyo y de reparación. Lo levantan rápidamente cuando sufre una caída. No vive en un mundo de fantasía donde nunca pasa nada malo, pero cuando algo funciona mal su perspectiva general sobre el amor y sobre la vida restauran su equilibrio.

Esto debido a que es una cultura en sí mismo, que la lleva incorporada dentro de sí.Su firme convicción y su esperanza en la victoria y en la superioridad de la bondad funcionan como un trampolín en sus decisiones.Casi que nada puede aplastarlo ni derribarlo.Tiene una saludable percepción de lo que es el dolor y de lo que es el placer.Por eso el dicho, *la esperanza es eterna*, es la fuerza que mueve su vida.

No hay un momento sin valor en la vida de un pensador positivo.Su creencia en el predominio del bien no es sólo algo que espera que suceda al final.La actitud que tiene siempre logra que esa expectativa ocurra realmente.Y como vive cada día con esa visión, no necesita esperar hasta el final del túnel para ver la luz.Puede decirse con seguridad que el pensador positivo es el hacedor de su propio éxito y de su felicidad.

Capítulo 2: Los Beneficios del Pensamiento Positivo

Beneficios Físicos

En su artículo, "El poder del Pensamiento y Actitud Positivos", Remez Sassondescribe el impacto, los efectos y los beneficios que este punto de vista tiene en todos los aspectos dela vida humana.Puesto queel pensador positivo se mueve en un ambiente que generalmente es agradable y de afirmación, goza de un alto nivel de energía y de entusiasmo. Está mucho más cerca de la buena salud de lo que puede estar un pensador negativo o pesimista.*Una mente sana en un cuerpo sano* es otro sabio dicho que se le aplica.

Le encanta comer bien, pero con moderación.Su actitud positiva le impide irse a los extremos físicos.Equilibra la actividad con el descanso.Conoce sus límites y no se excede en nada.Ama el aire libre,así como también disfruta de los compromisos tranquilos bajo techo, como la lectura y la contemplación.

El pensador positivo también puede

lesionarse o enfermarse, pero se cura más rápido de lo que lo hace un pensador negativo. Según publica la edición de agosto de 2015 de la Revista de la Asociación Médica Canadiense, los resultados de 16 estudios realizados durante un período de 30 años demuestran que los pacientes que sufrían de una variada gama de condiciones médicas tenían más probabilidades de recuperarse rápidamente de sus enfermedades si confiaban que les iría bien en su recuperación.En contraste, los pacientes que abrigaban dudas sobre su recuperación no se curaban tan rápido.

Un pensador positivo coopera con su médico.Como resultado, goza de mejor salud y mayor longevidad.Por otra parte, parece más joven y más vivo que un pensador negativo.

Otro dicho, *mente sobre materia*, se aplica al pensador positivo.La ciencia tiene evidencia indiscutible que comprueba la influencia de la mente sobre la salud corporal.El pensador positivo es más resistente a las lesiones y a la enfermedad que un pensador negativo.

Un pensador positivo conoce y sigue las reglas de la salud sobre la nutrición, el ejercicio, el sueño adecuado y la correcta higiene.Un pensador negativo, en comparación, ignora o viola estas reglas.

Beneficios Sociales

Su franqueza y su simpatía atraen a todos.Le encanta conocer más y más gente.Está involucrado en muchas causas valiosas en su comunidad.Asiste a las fiestas y reuniones de su comunidad (y a las de la iglesia o al servicio si pertenece a algún grupo religioso). Es un placer conocerlo.

Como consecuencia, hace un montón de amigos. Si es estudiante, su perspectiva le permite aprender mejor. En el trabajo, logra más debido a lo abierto que es. Sus superiores y sus compañeros de trabajo lo apoyan por su actitud positiva hacia el trabajo. Esto inevitablemente conduce al éxito.

Beneficios Emocionales y Psicológicos

El pensador positivo es capaz de manejar situaciones estresantes en forma efectiva.Su perspectiva personal le impide de entrada que muchas de ellas le afecten.Cuando ocurre una crisis real, busca una solución en lugar deangustiarse. Y cuando la situación no se puede resolver, la acepta en forma madura sin lamentarse y sin buscar a quien culpar.

El pensador positivo es una personalidad *contagiosa* que transmite su optimismo a otros, especialmente a quienes están abiertos a aceptarlo. En una situación difícil el pensador positivo es la solución. Ve más allá de los tropiezos o de las caídas y más bien eleva la moral de los involucrados. Él cree que la mayoría de los problemas pueden resolverse.

Beneficios Intelectuales y Mentales

El aprendizaje es más fácil si la actitud es positiva y favorece el aprendizaje. La mente del pensador positivo está así sintonizada en forma precisa con la adquisición de nuevos conocimientos. Además, también se emociona con nuevas interpretaciones o adiciones a lo que ya ha aprendido. El pensador negativo, en cambio, es renuente o no está interesado en cambiar sus puntos de vista.

Con todos esos beneficios, queda claro que convertirse en un pensador positivo es un curso de acción mucho más valioso. Pero, ¿qué debe hacer uno exactamente para eso? Los capítulos siguientes describen en detalle 10 pasos sencillos para lograr éxito duradero y felicidad como resultado del pensamiento positivo.

Capítulo 3—Paso 1: Planeación de Vida con una VisiónPositiva

Antes de empezar, sería prudente enfocarnos primero en a dónde quiere llegar con esto.¿Qué resultado desea lograr con estas acciones?

Por supuesto, la idea es convertirse en alguien con pensamiento positivo, pero ¿Por qué desea tener pensamiento positivo?¿A dónde lo llevará esto en su vida? ¿Cómo se beneficiará, junto con las personas a su alrededor, con este cambio que viene en su vida?

Esta reflexión debe hacérsela primero para desarrollar la motivación que se requiere para recorrer los siguientes 9 pasos con el rigor que se necesita para tener éxito.

Pasos de Acción

Anote en un papel las siguientes 6 categorías:Salud física, Salud Emocional, Familia y Amigos, Carrera, Finanzas Personales y Fe.

Haga un inventario personal de dónde creeque se encuentra en cada una de estas categorías.¿Qué lo hace feliz en cada una de ellas,y con qué no lo está?

Ahora, decida para cada una de ellas qué resultado desea para cada.Escriba los resultados que desearía tener para cada una dentro de 10 años, otros en 5 años y otros dentro de un año (largo, mediano y corto plazo).Tenga en cuenta que las limitaciones que se ponga a sí mismo no solo no son reales necesariamente, sino que son solo limitaciones que usted ha decidido imponerse.

Independientemente de lo que haya escrito, tiene que saber que el pensamiento positivo lo llevará allá.

Reflexión

¿Por qué usamos la palabra "resultados" en lugar de hablar de "metas"?Estoes porque no importa quépase, usted siempre va a tener un resultado, sea este positivo o negativo.

Cuando decidamos cuáles serán nuestros resultados, todo se vuelve de repente más claro, ya que el conocer los resultados para cada una de las 6 categorías le ayudará a enfocar su mente en lo que son sus objetivos.

Capítulo 4— Paso 2: Lleve a Cabo un Inventario Personal

Lleve a cabo un muy sincero inventario personal de sus pensamientos, de sus emociones y de las cosas que le son importantes.

No se desanime, ni se aburra, ni se retrase, ni vaya demasiado poco a poco, Fíjese que su éxito y su felicidad están en juego.Mantenga su mente enfocada en los muchos beneficios que podrá disfrutar si consigue sus objetivos.

Este primer paso requiere su completa atención y cooperación. Necesita asegurarse de que todo vaya avanzando de acuerdo con sus propósitos.

Pasos de Acción

Elija un sitio a solas y el momento adecuado para hacer este auto examen sin distracciones.Puede utilizar un cuaderno para hacer una lista de los datos sobre sí mismo.

En una columnahaga una lista de lo que honradamente cree que son sus rasgos positivos o sus pensamientos habituales.En otra liste los negativos.Para mayor simplicidad use palabras clave. Coloque bajo la misma categoría las características o pensamientos que sean similares.

Ejemplos de rasgos positivos son la amistad, la amabilidad, la generosidad, la honestidad y la eficiencia.Ejemplos de rasgos negativos son el egoísmo, la pereza, la falta de respeto, la mentira y la deshonestidad.Los pensamientos proceden de los rasgos de cada persona.Este ejercicio intentará convertira positivos los pensamientos y rasgos negativos.

Reflexión

El cambio de perspectiva o de forma de pensar requiere ante todo conocerse uno a sí mismo tanto como sea posible.Reconocer sus fortalezas y debilidades honesta y objetivamente.No hay que completar el inventario personal de una sola sentada. Su deseo de tener éxito y de ser feliz lo inspirará a llevar a cabo este paso, incluso si al principio le resulta difícil.

Capítulo 5 — Paso 3: Determine las Causas

La calidad de su vida es la calidad de las preguntas que se hace.Para los pasos 3 y 4, estamos haciendo la pregunta "¿Por qué?".Concretamente nos preguntamos "¿Por qué estos rasgos negativos forman parte de lo que soy en este momento?"Al hacer estas preguntas, comenzaremos a ver cuáles son las verdaderas razones de estas características.Una vez que hayamos descubierto estas razones, podremos aprender cómo corregirlas.

Los pensamientos y rasgos negativos se reemplazarán eventualmente con sus equivalentes positivos.La confianza en sí mismo reemplazará a la timidez.La amistad reemplazará a la hostilidad.La confianza reemplazará a la desconfianza.Tiene que rastrear estas causas y colocarlas en su listado.

Si es tímido, puede ser que esté demasiado consciente de su falta de talento.Puede haber sufrido decepciones o rechazos en el pasado.Si desconfía de otros, es probable que sea porque alguien importante en algún momento lo convenció de algo que luego supo no era cierto.Si con frecuencia se muestra irritable o pendenciero, talvez es porque se siente inseguro o a la defensiva acerca de algo en usted mismo.

Si tiende a criticar a otros en privado o en público talvez tenga un mal concepto de sí mismo.Talvez el menospreciar a otros lo hace sentirse más grande.Si es agresivo, podría significar que sufre de una sensación de impotencia.Si es vulgar en su manera de hablar o en su apariencia, talvez le falte respetarse más a sí mismo.

La sustitución de pensamientos negativos por positivos es similar a un diagnóstico médico.Necesita encontrar primero la causa del problema, Luego podrá descubrir el remedio para la condición problemática.

Pasos de Acción

Después que en el punto anterior haya hecho una lista de sus rasgos o pensamientos negativos junto con los positivos, haga un esfuerzo para determinar las verdaderas razones por las que continúa albergando estos rasgos o pensamientos negativos.Mire hacia atrás en su vida y busqueexperiencias que hayan causado el que en este momento tenga este tipo de pensamientos.Pregúntese a sí mismo si es necesario que siga manteniendo el dolor y la humillación que estas experiencias pudieron haberle causado, o si por el contrario debe dejarlas atrás definitivamente, manteniendo en su corazónsololas lecciones valiosas que pudo haber aprendido de ellas.

Reflexión

El único remedio eficaz para un defecto es la detección de su causa.Sólo entonces puede aplicarse o encontrarse la cura.Los médicos están especialmente entrenados para hacer diagnósticos y prescribir curaciones.En este caso, usted es su propio psicólogo.Si es lo suficientemente honesto, poddrá descubrir sus propios problemas.

No es ni fácil ni agradable mirar dentro de nosotros mismos y buscar nuestras debilidades.A menudo esto nos hace perder autoestima.Pero con auto-honradez, humildad y con un deseo real de mejoramiento, puede hacerlo como si fuera un experto.

Capítulo 6 — Paso 4: Su Participación

Ninguna emoción ni pensamiento negativos pueden entrar en su mente y afectarlo, si usted no lo permite.Sin embargo, desafortunadamente la mayoría de las personas son muy sensibles a las sugerencias.Nos hemos acostumbrado todos a buscar la aprobación de otras personas.Lo que ellos nos dicen influye mucho en cómo nos vemos a nosotros mismos, incluso si no es cierto lo que piensande nosotros.

Por esta razón muchas personas hacen todo lo posible para obtener la aprobación de los demás.Una palmadita en la espalda y una inclinación de cabeza son herramientas muy eficaces que nos pueden ensalzar o nos pueden rebajar.Por eso es trágico que sean otrosquienes finalmente decidan qué y cómo debemos ser o cómo debemos comportarnos.Lo que esincluso aún más trágico es que dejemos que ellos nos impongan sus opiniones.

Usted de hecho es un participante activo en la formación de sus rasgos y pensamientos negativos.La gente puede llegar hasta a sugerirle conductas pero usted es quien decide qué va a hacer con esas sugerencias.Usted *puede* decidir rechazar esas sugerencias negativas.Usted *puede* tomar la decisión de sentirse positivo sobre sí mismo.

La razón última por la cual usted tiene pensamientos y actitudes negativos es porque no ha caído en cuenta de quepuede de verdad controlar lo que entra en su mente.Las demás personas no tienen poder sobre susdecisiones.Usted es la única persona que toma decisiones en su mundo interior.En último término y dicho con toda claridad, usted es quien decide ser infeliz y fracasado.

Pasos de Acción

Después de que tome nota de sus rasgos o pensamientos negativos, así como de las experiencias de vida que inicialmente lo llevaron a tenerlos, se dará cuenta que todos ellos tienen algo en común—permanecen anclados en su memoria hasta hoy porque usted lo ha *permitido*.Esto no debe causarle ninguna sorpresa. La forma como otras personas lo ven—sea que tengan o no razón en su apreciación—ha contribuido con el que sus pensamientos negativos se dieran o sucedieran. O sea, es usted quien ha permitidoque las opiniones de otros lo hayan influenciado y que esto haya afectado su propia visión de sí mismo.

Haga su mejor esfuerzo para averiguar qué es lo que lleva a otras personas a decir esas cosas acerca de usted, así como por qué está permitiendo que las opiniones de ellos afecten la forma comovive su vida.¿Está buscando su aprobación?¿Quiere pertenecer a un grupo específico?o ¿Simplemente desea que los otros no lo señalen como alguien a quien puedan ridiculizar?Sea lo que sea, debería saber que lo que los otros piensen de usted no debe determinar su felicidad.Pero antes de trabajar en ser más asertivo y en evitar que otros dicten sus acciones, primero tiene que saber cuáles son exactamente los puntos de vista limitantes que otros tienen de usted, puntos de vista que usted ha permitido que todo este tiempo influyan en sus pensamientos y en sus acciones.

Reflexión

Hemos sido educados con el convencimiento de que agradar a otros es lo que nos hace"buenos".La aprobación social ha sido el estándar tradicional para la aceptación.Sin embargo, los tiempos han cambiado.Las personas de ahora son de mente mucho más abierta, y ahora se imponen nuevas formas de pensamiento.

Una de esas nuevas formas de pensar es el pensamiento positivo.La gente de hoy está dispuesta a reconocer el derecho de los demás a convertirse en lo que cada uno quiera.Más y más personas son ahora cada vez más progresistas.Hay un mayor énfasis en la independencia.Es el privilegio de haber nacido en esta época.

Capítulo 7— Paso 5: Desconéctese

Ahora que ha descubierto o destapado las causas de sus pensamientos y rasgos negativos, puede decidirno volver a dejarse ganar por ellos.Sí, ¡*se puede*!
Recuerde que sus pensamientos son *SUS* pensamientos.Usted está en completo control de ellos, no importa qué tan fuertemente otras personas se los sugieran.
Si ha sido tímido toda su vida debido a un defecto o a alguna mala experiencia, puede dejar de alimentar la creencia de que ese defecto o ese suceso lo hacen ser menos.Recuerde que usted es el único que toma todas las decisiones dentro de sí mismo.Uno o unos pocos o muchos defectos o fracasos no tienen por qué hacerlo sentir menos.Puede que esa sea la opinión o el estándar de otras personas para juzgar esta situación, pero usted puede perfectamente rechazar esa norma.
La decisión de desconectarse de las sugerencias de otros será una gran victoria.Este es un factor importante en el

desarrollo de una muy nueva forma de pensar positivamente sobre usted mismo.El pensamiento positivo le hará romper con la timidez y con otros rasgos negativos.Lo liberará para convertirlo en una persona nueva.

Siempre tenga en cuenta que la naturaleza humana resiste el cambio.Iniciar solo ese cambio requerirá de su parte disciplina y gran fuerza interior.Mantener el proceso requerirá incluso más energía y más disciplina.La determinación es la virtud de unos pocos, pero también es el ingrediente básico del éxito y de la liberación de las garras del pensamiento negativo.

El primer sabor del éxito lo va a entusiasmar, pero también puede hacerlo retroceder.Es tan difícil como escalar una montaña, cuanto más alto vaya, mayor será el esfuerzo.Un resbalón o una caída pueden incluso desanimarlo.Pueden hacer que sienta que sus esfuerzos son inútiles.Pero recuerde que no se llega a la cima de una montaña dando solo unos pocos pasos.

La sustitución de pensamientos positivos en lugar de los pensamientos negativos es como escalar una montaña.Va a ir contra la fuerza de la gravedad que es la resistencia natural al cambio.Sólo el valor y la determinación le permitirán llegar a la cima.Lo mismo ocurre con el logro de un patrón de pensamiento y actitud positivos.

Pasos de Acción

El darse cuenta de lo que opinan otras personas sobre usted y de cómo ellos creen que usteddebe actuar, le va a ayudar a por lo menos darse cuenta de que hay otras maneras más positivas y más eficaces de motivarse a sí mismo.Comience de entrada dándose cuenta que lo que las demás personas creen que es bueno para usted no es necesariamente lo que lo va a hacer avanzar en su vida.Además, ellos no estánallí para beneficiarlo —excepto, si acaso, para dibujar una sonrisa de satisfacción si logran que ustedactúe como ellos quieren.Obviamente, no debería darles esa satisfacción.

Después de que hayacaído encuenta de que puede escoger ponerle fin a sus pensamientos negativos, podría tener dificultad para decidirpor dónde empezar.

¿Recuerda el inventario personal que llevó a cabo antes?Paséese por todos los rasgos o pensamientos positivos que ha escrito y defina cuál de ellos podría servirle como punto de partida ideal para su viaje hacia que sus pensamientos positivos se conviertan en un hábito diario.

Por ejemplo, si puso la amistad como uno de sus rasgos positivos, podría decidirse por actividades donde pueda practicar el desarrollo de este rasgo, como por ejemplo hacer trabajos voluntarios en su tiempo libre.Siempre y cuando su verdadero objetivo seaayudar a otras personas o hacer nuevos amigos y no simplemente buscar la aprobación de otros, le será más fácil convertir la amabilidaden un hábito.Y como al ser amigable va a convertir en un hábito eltratar de infundir su positivismo a otras personas, en esta forma tambiénva a desarrollarel hábito del pensamiento positivo.

Independientemente de cual rasgo escoja

como su punto de partida, este ejercicio puede ayudarle a desarrollar el hábito del pensamiento positivo al enfocarse en sus fortalezas actuales.En pocas palabras, es mucho más fácil trabajar en lo que ya es bueno, en lugar de estrujarse el cerebro tratando de pensar en qué otra cosa puede serlo.

Después que haya solidificado y trabajado en este primer rasgo, ¡siga y continúe con el mismo método para todas las demás características!

Reflexión

La sociedad ideó una forma para asegurar la paz y el orden al infundiren las personas la necesidad de la aprobación social, pero la naturaleza fue demasiado lejos al configurarse ella misma como patrónde comportamiento.Todo mundo teme al rechazo social.Por lo tanto, las personas interiorizan las normas sociales como sus censores internos.Su carácter restrictivo y punitivo ha causado mucha infelicidad.

Aunque los prejuicios y los valores tradicionales son difíciles de erradicar, el pensamiento moderno los ha ido dejando a un lado poco a poco. Hay cada vez más y más personas con las puede ahora uno gozar de su nueva transparencia. La tolerancia y la aceptación de las diferencias individuales se han ido convirtiendo en el orden del día.

Capítulo 8— Paso 6: La Naturaleza Humana y la Autocomprensión

Aunque no hay dos personalidades completamente iguales, la dinámica de la naturaleza humana es universal.Todos tenemos necesidades comunes.Todo mundo quiere sentirse importante a pesar de sus defectos.Todos queremos ser respetados.Queremos ser escuchados.

Nadie quiere quedarse fuera.Todos queremos tener éxito.Queremos gustarle a la gente al mismo tiempo que ser amados por lo que somos.El éxito nos hace completos e importantes.Nada nos complace más que el éxito.

El conocimiento de la naturaleza humana puede explicar por qué cierta gente se comporta en la forma como lo hacen.También le dirá por qué usted se comporta como lo hace.Por lo tanto, aprender sobre la naturaleza humana le ayudará a conocerse y a entenderse mejor a sí mismo.Le hará ver que no está solo en sus problemas.

Al mismo tiempo, el conocimiento de la

naturaleza humana le ayudará a entender a otros. Muchos de sus sentimientos y pensamientos negativos sobre esas personas se podrían disipar si los comprendiera. No sólo sería entonces capaz de superar sus pensamientos amargos sobre otras personas, sino que también podría ganárselos si ellos estuvieran dispuestos.

Pasos de Acción

A medida que identifica sus fortalezas y debilidades y practica continuamente los hábitos que lo llevan a pensar en positivo, tendrá una mejor comprensión de por qué las personas — incluido usted mismo— piensan y actúan en la forma como lo hacen. A medida que practica los hábitos que ha escogido que le ayudarán a convertirse en un pensador positivo, tome nota de las diferencias en sus pensamientos y en sus acciones. Compare quién es ahora con quién era antes cuando todavía tenía el hábito de los pensamientos negativos. A medida que recuerde las cosas que lo llevaron antes a adoptar pensamientos negativos, sabrá qué evitar en el futuro para nunca más caer en esa trampa.

Al mismo tiempo, a medida que evalúa los nuevos hábitos que lo llevan a pensar en positivo, puede más fácilmente identificar los cambios en su personalidad que le hanpermitido adoptar estos hábitos en forma efectiva.¿Qué cualidades o formas de pensar empezó a practicar que hicieron posibles estos cambios?¿A qué tuvo que renunciar para darles paso?Las respuestas a estas preguntas le servirán de guía para mantener su progreso en caso de que una vez más se encontrararetrocediendo o sin la motivación para seguir adelante.Lo que aprenda de este ejercicio puede también ayudarle a entender a la gente, incluso a aquellos que no se esfuerzan por hacer del pensamiento positivo una parte de su vida cotidiana.

Reflexión

En este caso el conocimiento se convierte en poder porque lo aplica a su situación particular.Otras personas tienen las mismas necesidades suyas.Cometen los mismos errores.Quieren ser tan felices y tan exitosos como usted.Tienen penas secretas y el mismo deseo suyo de superarse.

El saber por qué la gente se comporta en cierta forma le otorga control de sus pensamientos y actitudes negativos.Es poder real —¡sobre usted mismo!Y su comportamiento cambiará a medida que su pensamiento y actitud cambien de negativo a positivo.

Capítulo 9 — Paso 7: Descubra y Comprenda sus Propias Necesidades Emocionales

Le guste o no, sus sentimientos lo gobiernan mucho más de lo que lo hace su mente.No es el intelecto quien toma la mayoría de sus decisiones, sino lo que usted siente. El cambiar su modo de pensar de negativo a positivo significa fijarse más en cuáles son sus emociones.Podría ser que tenga una necesidad profunda de atención, de aprobación, de perdón o de respeto.

El problema con la mayoría de la gente es que niegan sus más profundas heridas y necesidades emocionales.Estas heridas podrían ser respuestas "olvidadas"a alguna experiencia remota.Puede ser muy doloroso reconocerlas, pues están enterradas profundamente en la mente inconsciente, allá en donde hemos depositado nuestra basura mental.Sin embargo, como no han sido enfrentadas ni resueltas, vuelven y vuelven para atormentarlo y controlarlo.

Ninguna experiencia pasada ha sido realmente olvidada.Siendo humanos, uno juzga todo y a todos basado en sus sentimientos y no en su intelecto o en su razón.Y puesto que no todo el mundo conoce o entiende cómo las heridas pueden dañar la autoestima, ¡imagínese cuantas experiencias desafortunadas están profundamente enterradas en el subconsciente!

Por lo tanto, no es de extrañar por qué muchas personas son pensadores negativos.Las heridas no resueltas claman pidiendo una curación.Gritan de diferentes formas pidiendo ser sanadas, sobre todo en forma de mecanismos de defensa.Usted puede inconscientemente mostrar su inquietud como un pensamiento negativo.Otros que creen que pensadorespositivos,en realidad solo están usando este enfoque para manejar sus problemas.

Todos tenemos hambre de mostrarnuestra mente y nuestro corazón, pero como se mencionó anteriormente, las tercas y tradicionales normas sociales nos inhiben y nos prohíben expresarnos.La gente da su visto bueno de aprobación al niño o la persona que los complace, mientras quea quien es sincero se le considera un rebelde.

Sin embargo, su deseo de hablar y de ser usted mismo a menudo se desvía de las reglas.Además, la naturaleza humana por sí sola le obligará a mostrarse como es.Al igual que los ríos, la naturaleza siempre tratará de nivelarse.El malestar de la irritabilidad, de la desilusión, de la ira, del miedo o de la hostilidad le molestarán hasta tanto sean expresados y resueltos.El ocultar o tergiversar lo que en realidad siente sólo empeorará las cosas.

Los sentimientos son respuestas a situaciones. La naturaleza se los ha dado para protegerlo de daños.Son por lo tanto naturalmente buenos.Su objetivo es el instinto de conservación.Sólo pueden ser inaceptables si son expresados o realizados enformas perjudiciales o ilegales.

Pasos de Acción

El paso anterior mostró cómo la mejor autocomprensión conduce a una mayor conciencia de sus cualidades ganadoras que a su vez conducen al pensamiento positivo.Otra consecuencia directa es que esto lo hará más consciente de lo que hay en su corazón, así comotambién de lo que realmente quiere lograr como individuo.

Con cada pensamiento o cada acción que le venga a la mente, forme el hábito de preguntarse:"¿El llevar a cabo esta acción o abrigar este pensamiento me va a ayudar realmente allegar a donde tengo que estar?"Para conocer la respuesta a esta pregunta tendría que ir muy profundo dentro de sí mismo y evaluar sus sentimientos, sus deseos más grandes, así como sus heridas más dolorosas.Tome conciencia de ellos y haga un esfuerzo consciente para manejarlos, en lugar de simplemente relegarlos a los rincones de su mente.

Recuerde que el pensamiento positivo implica también reconocer cómo es su verdadero ser.No se puede tener una actitud positiva ante la vida si sabe que allá dentro en su corazónse está negando a sí mismo la libertad de expresar cómo se siente realmente y la oportunidad de aliviar o de deshacerse totalmente de su dolor.

Reflexión

Los seres humanos somos más de sentimientos que de pensamientos. En realidad, sentimos más de lo que pensamos. Los sentimientos nos llevan a hacer cosas que de otra forma nuestras propias mentes no aprobarían, pero esto es lo que es la naturaleza humana.Sin embargo, los sentimientos están allí para protegernos, no para hacernos pasar un mal rato.

Entender sus propios sentimientos le impedirá canalizarlos de forma perjudicial o poco realista.Por esta razón el gran filósofo decía que la primera virtud es el conocimiento de sí mismo.No puede imponerse pensamientos positivos sobre sí mismo para cubrir sentimientos desagradables.Absténgase de condenarse a sí mismo.

Capítulo 10 — Paso 8: Fuentes de Apoyo

Para reemplazar patrones de pensamiento y de actitud negativos por positivos, va a necesitar expertos o personas que hayan tenido éxito en esta tarea.Pueden ser su consejero, su pastor, un psicólogo, un profesor experto o una persona mayor y más sabia.El almacén de conocimiento y de experienciasque ellos tienen y su conocimiento de las emociones humanas son un verdadero tesoro.

También puede leer más libros sobre el tema o asistir a reuniones o conferencias.

En internet hay muchas fuentes autorizadas sobre esto, pero tenga cuidado y no crea toda la información que encuentre en línea.Sopese lo que le dicen y revise cómo le aplica.

Los consejeros y otros expertos en salud mental serán las fuentes más objetivas de ayuda y de inspiración.Incluso, un amigo viejo y conocedor o su pastor pueden contribuir con valiosas aportaciones, ya que conocen mejor su situación.Trate de combinar los consejos que recibe de diferentes fuentes.

Los pastores naturalmente relacionarán sus tendencias negativas con principios espirituales.Los profesionales de la salud mental harán hincapié en el aspecto científico.Su viejo amigo será muy subjetivo al dar consejos.Cada uno tendrá su propio valor.

Pasos de Acción

En su viaje para convertirse en pensador positivo, buena parte de entenderse a sí mismo y a sus sentimientos (como se explica en el paso anterior) consiste en reconocer que todavía hay áreas donde podría encontrar dificultades.Estas dificultades podrían hacerle retroceder temporalmente o incluso recaer totalmente hacialos pensamientos negativos que tenía (como se explica en el paso 5), pero esto no debería detenerlo en la continuación de su viaje.Ya ha logrado una ventaja considerable hasta este punto,así que ¿por qué parar ahora?

Nadie le dijo sin embargo que tiene que recorrer este camino solo.Afortunadamente, hay personas con las que puede hablar y preguntarles sobre las emociones humanas y cómo desarrollar el hábito del pensamiento positivo.Busque en la guía de teléfonos o en internet.Consiga una cita con el consejero de su universidad.Puede hablar con el pastor de su iglesia después de un servicio.Los profesionales de la salud mental pueden estar disponibles en sus oficinas previa cita.Y en cuanto a su viejo y sabio amigo bastarácon hacerle una llamada telefónica.

Todas las consultas anterioresdeberían ser confidenciales.Sea tan directo, claro y amable como le sea posible.Necesita ayuda para deshacerse de lo que se le atraviesa en el camino para convertirse en un pensador positivo.Hágales saber esto.

Puede que desee acercarse a sus padres si cree que puedan entenderlo, pero hay ocasiones en que precisamente ellos son la causa de sus rasgos negativos.Es mejor que consulte con alguien que sea más objetivo.

No dude en consultar a otros si tiene alguna duda sobre lo que piensa o lo que ha leído.Pida aclaraciones y mayor información.Se sorprenderá y sentirá mucho alivio al saber que su situación no es única.Cuando comience a entenderse a sí mismo, está en el camino correcto para controlar su vida.

Reflexión

Como dice el refrán muchas personas han estado allí y han hecho esto. Estas personas pueden ser sus fuentes importantes de inspiración y de guía.Averigüe cómo ganaron ellos sus respectivas batallas.Descubra sus dificultades y sus fortalezas.Los grandes hombres son grandes no porque hayan nacido grandes; llegaron a serlo porque ganaron grandes batallas.

Igualmente, ellos serán fuente de fortalezacuandocaiga una y otra vez.Muchas de las batallas no se ganan de una sola vez, y usted no es una persona menos valiosa solo porque falle y vuelva a fallar de nuevo.Lo importante es que uno se levante después de cada caída.

No tema al fracaso ni a las decepciones.Siempre acompañarán a toda empresa y a toda lucha.Fije la vista en su meta de éxito y de felicidad.Cambie su actitud sobre las decepciones y sobre los fracasos.Nadie lo hará por usted excepto usted mismo.

También recuerde que sólo usted puede ponerle límites a sus sueños.Como se mencionó anteriormente, usted es la única persona que toma decisiones en su universo.Puede limitar o rechazar lo que otros digan o piensen de usted.Su persona es su reino.

Capítulo 11 — Paso 9: La Regla de Oro

La actitud y el pensamiento positivos se fundamentan en lo que es cierto y en lo que es correcto; este el significado real de la palabra "positivo".Muchas personas creen que si no ofenden a nadie, si están siempre sonrientes y son agradables y hacen favores, yaesto los convierte en pensadores positivos.Esto se aplica solamente si está basado en un fundamento moral.

Ser agradable no es lo mismo ni es un sustituto a ser correcto.Muchas vecespara producir un buen efecto uno debe ser desagradable.Siempre se aplica la regla de oro:"Haga a los demás lo que le gustaría que ellos le hicieran."Por lo tanto, su comportamiento es su guía segura en cuanto a la forma en que desea que otros se comporten hacia usted.

No necesita ser demasiado religioso para ser verdaderamente positivo. Sin embargo, muchos textos religiosos de las principales religiones del mundo revelan que la religión es una guía segura para ser verazy auténtico. Y cuando se es veraz, se está en el camino correcto para convertirse en *verdaderamente* positivo. Se convierte uno en una verdadera fuerza de bien para sí mismo y para los demás.

Pasos de Acción

En este paso no hay acciones específicas a realizar, fuera de ser auténtico y honesto en sus tratos y dejar que esto en sí mismo se convierta en un hábito.Cuando se haya esforzado constantemente en mantener la verdad incluso en las acciones más simples, le resultará más fácil ver las cosas como realmente son y distinguirlas como lo que son.En comparación, exprimirse elcerebro tratando de pensar enlo que le encantaría oíra otras personas se convierte en algo cada vez más difícil, haciendo que con el tiempo sea para ustedcada vez menos factible como curso de acción.

Reflexión

Para alcanzar el éxito o la felicidad su enfoque o su objetivo no tiene por quéser la perfección.Comience con la verdad y acéptela.Podría ser desagradable, pero todo depende de su actitud.Puede cambiar esa actitud en este preciso momento.

Usted se puede convertirse en un pensador verdaderamente positivo sólo con bases veraces y apropiadas.Ser agradable no es un sustituto.Comience por ser fiel a sí mismo y de manera positiva haga las correcciones necesarias a sus rasgos negativos.Entonces se encontrará en camino de convertirse en un pensador verdaderamente positivo.

Capítulo 12 — Paso 10: Influencie a Otros

Lo especial del pensamiento positivo es que es un hábito que todo mundo debería practicar, sea rico o pobre, educado o ignorante, seguidor de una religión o no afiliado en absoluto a ninguna, y así sucesivamente.Por lo tanto, tiene perfecto sentido enseñarle a la gente acerca de esto y animarlos a incorporarlo en su vida diaria, especialmente si sus hábitos de pensamiento negativo están causándoles todo tipo de problemas.

Una de las mejores maneras de enseñarle a la gente sobre el pensamiento positivo es practicarlo usted mismo.Debe aprovechar cada oportunidad para mostrarle a otros lo que el pensamiento positivo puede ayudarles a lograr.

Pasos de Acción

En este punto, ya habrá hecho del pensamiento positivo un hábito diario.Habrá tomado en serio todo lo que ha aprendido y como resultado le será ya fácil.El siguiente paso es utilizar sus interacciones diarias con otras personas para mostrarles cómo hacerlo.

Cuando hable, debe ser un agente de la verdad, de la honestidad y de la objetividad.Cuando exprese sus puntos de vista debería darle a los demás la oportunidad de expresar también los suyos.Al tratar con personas o situaciones difíciles, debería esforzarse por pensar en posibles soluciones en lugar de pasearse por los inconvenientes que enfrenta.Y cuando haya comenzado un buen hábito, sigapracticándolo para que todos puedan ver lo que podrían lograr a través de la consistencia.

Reflexión

Enseñarle a la gente conceptos abstractos puede hacerlos avanzar, pero solo hasta cierto punto.Tiene que estar dispuesto a enseñarles lo que necesitan sabera través de su ejemplo personal.Al hacerlo, también desarrollarásupropio hábito de pensamiento positivo, y así se beneficiará con este ejercicio.

Conclusión

Este libro trata sobre el poder que puede derivarse del conocimiento.Uno de estos conocimientos es la *actitud* y *perspectiva* del *pensamiento positivo*.No se puede lograr de la noche a la mañana y sin esfuerzo, pero al mismo tiempo es también la única forma segura para el desarrollo de las posibilidades de éxito, de paz y de felicidad.

Este libro también diferencia un pensador positivo de uno negativo.Enumera y describe los muchos beneficios del pensamiento positivo y de una actitud positiva hacia uno mismo, hacia otras personas y hacia la vida misma.El primer efecto en una persona que quiera desarrollar el pensamiento positivo es una mayor sensación de bienestar.Las restricciones a su visión de la vida se eliminan o se reducen y en conjunto se siente mejor.En otras palabras, su salud física y mental son los primeros en experimentar los buenos efectos de cambiar su pensamiento y su patrón de sentimientos.

También hay pautas, recordatorios y una lista de otras motivaciones para que el lector obtenga más de sí mismo, se dé cuenta de su potencial y eleve el nivel de éxito de su vida.Y también se sugiere un plan de vida en los siguientes capítulos.Se trata de medidas concretas para lograr el objetivo.

Hemos hecho esfuerzos modestos para presentar estos 10 pasos de la manera más legible y realista posible.También lo hicimos usando el lenguaje de la mayoría de nuestros lectores.Sobre todo, hemos diseñado las medidas para su beneficio efectivo y duradero.

El derecho a la vida, a la libertad y a la búsqueda de la felicidad están consagrados en la Constitución de los Estados Unidos y en las constituciones de otros países.Esto porque la vida, la libertad y la felicidad son las razones de la existencia.Una vida feliz es una vida exitosa y ninguna vida puede ser exitosa o feliz a menos que la persona viva según las leyes positivas.Las leyes positivas, a su vez, se construyen solo con base en la verdad.Así que quien busca el éxito y la felicidad es necesariamente un buscador de la verdad y todo lo demás le viene de allí.Entre las muchas cosas que de allí se derivan están una perspectiva sana y positiva y la actitud hacia uno mismo, hacia los seres humanos y hacia la vida en general.

¡De nuevo gracias por bajar este libro!

Espero que la información contenida en este libro haya podido ayudarle a encontrar su propósito y a cada díaalcanzar la felicidad a través del poder del pensamiento positivo, ¡como lo ha hecho con mi vida!¡El siguiente paso es tomar acción!Todos los díasdebe aplicar lo que ha aprendido aquí.

¡Gracias y buena suerte!

Parte 2

Introducción

La agitada naturaleza de la vida cotidiana ha hecho extremadamente difícil para la gente sentarse y relajarse. Desde las prisas para ir al trabajo, hasta hacer tiempo para la familia, la vida de ahora sigue un horario establecido. Esto nos hace que a las personas nos resulte muy difícil pasar un tiempo relajado y desestresado.

El estrés es extremadamente peligroso ya que produce tensiones, así mismo, depresión y ansiedad. La mayoría de la gente tiende a estresarse como un acto reflejo al enfrentarse con los diversos desafíos de la vida cotidiana.

La necesidad actual es, por lo tanto, disminuir la negatividad y tratar de desarrollar una actitud positiva hacia la vida. Desarrolla una visión general positiva y trata de disfrutar la vida tanto como se pueda.

Tenemos que comprender la correlación entre una actitud positiva y cómo ésta afecta nuestra felicidad. Cómo nos impide ser felices en nuestra vida diaria.

Se ven obligados a desarrollar una actitud negativa hacia la vida y no logran disfrutarla. Con el tiempo, dejan de sentirse positivos y eso afecta directamente a su felicidad.

En este libro electrónico, examinaremos los distintos aspectos de la vida cotidiana y cómo podemos desarrollar una actitud positiva.

Examinaremos la relación entre una actitud positiva y la felicidad. También veremos cómo podemos minimizar las influencias negativas y ayudar a promover la positividad.

Quiero agradecerte mucho por descargar este libro electrónico y espero que disfrutes leyéndolo.

Empecemos.

Capítulo 1: La actitud positiva y su relación con la felicidad

Cuando hablamos de la actitud positiva, a menudo pensamos en el optimismo. Pero el optimismo es solo un pensamiento. Una actitud positiva tiene que incorporar pensamiento y acción.

Tenemos que tener la capacidad de convertir nuestros pensamientos positivos en acciones. Estas acciones deben, a su vez, permitirnos sentirnos felices.

Como se mencionó anteriormente, la vida se ha vuelto extremadamente agitada en estos días. Todo el mundo está en la carrera para tener éxito en la vida, con el objetivo final de ganar tanto dinero como sea posible.

De hecho, dinero = felicidad y, por lo tanto, las personas presionan hasta sus límites para hacer dinero y terminan lastimándose a sí mismos en el proceso.

No logran comprender que el dinero nunca comprará la felicidad y solo la disminuirá. Terminaremos teniendo deseos que no podremos satisfacer, y sucesivamente, comenzaremos a sentirnos deprimidos.

Y la depresión, así mismo, nos hará sentir ansiosos y reducir nuestro potencial. Con un potencial disminuido, terminaremos alimentando nuestra actitud negativa.

La necesidad actual es, por lo tanto, comenzar a mirar la vida a través de un lente diferente. Es importante mirar las cosas desde una perspectiva diferente y poder identificar las distintas maneras en que podemos mejorarlas.

Más que mejorar nuestra vida en su totalidad, tenemos que trabajar en sus matices sutiles. Tenemos que trabajar en cambiar la manera en que vemos los diferentes aspectos y cómo podemos cambiar nuestra actitud para sentirnos positivos.

Una actitud positiva juega un papel importante en mantener a una persona feliz. Por ejemplo, imagine una situación en la que dos hombres de negocios sufren pérdidas debido a que un proyecto no se completó. El primer hombre de negocios se sentirá extremadamente deprimido y pensará cómo perdió mucho dinero, y seguirá preocupándose por ello. Él terminará sintiéndose ansioso y eso reducirá su nivel de productividad.

El segundo hombre de negocios, por otro lado, pensará positivamente. Pensará en lo difícil que fue el proyecto y que está bien que perdiera dinero. Él pensará positivamente y tendrá como objetivo trabajar mejor en el próximo proyecto y recuperar todo el dinero que perdió. No perderá tiempo pensando en su pérdida y no dispondrá de tiempo para desarrollar una actitud negativa. Finalmente, terminará teniendo una mejor oportunidad de llevar una vida más feliz al contrario que con el primer hombre de negocios.

Es evidente, con este ejemplo que una actitud positiva traerá mucha calma y felicidad, y una negativa hará justo lo contrario.

Capítulo 2: Separando la actitud positiva y negativa

En el capítulo anterior vimos cómo puedes desarrollar una actitud positiva hacia la vida y adquirir un sentido de felicidad.

En éste, veremos cómo debes superar la actitud negativa, para que, te acerques más a lo positivo.

Antes de continuar, tenemos que analizar las diferencias entre una actitud positiva y una negativa.

En nuestras vidas, nos encontramos con muchas personas y situaciones. Cada una tendrá una influencia positiva y negativa sobre nosotros.

Tienes que ser capaz de identificar lo bueno de lo malo y luego analizarlo de manera cuidadosa y eficientemente para acercarte a tu felicidad.

Si no logras ver qué te está ayudando y qué te está causando daño, entonces no será de ninguna utilidad. Tienes observar tu vida diaria y reconocer los diversos aspectos que contribuyen al desarrollo de tu actitud.

Una vez que reconozcas qué te está afectando, tendrás que diferenciarlo exitosamente. Por ejemplo: si hablar con tu madre es un efecto positivo en ti y hablar con tu jefe tiene un efecto negativo en ti, entonces tienes que diferenciarlos uno del otro. Puedes establecer estándares para cada uno y bifurcarlos según los estándares.

Una vez que reconozcas los aspectos positivos, debes reforzarlos exitosamente y fomentarlos. Tienes que permitir que los atributos positivos se apoderen de tu vida y también permitir que te influya en todos tus frentes, por decir, personal, emocional y profesional.

Simultáneamente, tienes que disminuir tu actitud negativa. Tienes que reconocer tus capacidades y cómo te afecta, y tratar de alejarte lentamente de ellas. Puede llevarte algo de tiempo, pero es algo que debe hacerse para que puedas alcanzar la felicidad.

Tienes que recordar que será una reacción en cadena y la disminución de la negatividad aumentará la positividad.

También debes recordar que, todo tendrá que ser un proceso continuo. No es posible que puedas cambiar tu actitud de la noche a la mañana. Tomará tiempo y esfuerzo, y tendrás que estar dispuesto a hacer ciertos sacrificios.

Tendrás que pasar un poco de tiempo diariamente para evaluar tu actitud e idear maneras para mejorarla.

Tienes que recordar los momentos en que una actitud positiva te ayudó a superar alguna dificultad y también haya ayudado a atraer la felicidad hacia ti.

También tienes pensar en las veces en que una actitud negativa te estancó y cómo afectó tu confianza.

La diferencia entre las dos situaciones te permitirá inclinarte hacia el desarrollo y el mantenimiento de una actitud positiva hacia tu vida.

Recuerda que será más acerca de ti disfrutando el viaje.

Capítulo 3: Cómo disminuir la actitud negativa

En el capítulo anterior observamos cómo debes diferenciar las actitudes positivas y negativas, y reconocer los diversos aspectos que contribuyen a que desarrolles una u otra. También vimos cómo tienes que disminuir los aspectos negativos y fomentar los positivos.

En este capítulo, nos enfocaremos en el primero y analizaremos las formas sencillas en que puedes erradicar toda la negatividad de tu vida y preparar el camino para un cambio positivo.

Desarrollar una actitud positiva

Lo primero que debes hacer es desarrollar una actitud muy positiva. No importa cuáles sean las consecuencias de una acción en particular, debes poder percibirla con una actitud positiva. Nunca permitas que entre la negatividad. Construye un filtro que evite que el pensamiento y la actitud negativos se filtren en tu mente. Si tienes un problema de ego entonces, afróntalo.

Cuando tengas una actitud positiva, comenzarás a darte cuenta de que todos tus problemas están desapareciendo.

Dejarán de preocuparte y podrás llevar una vida más tranquila y más feliz.

Tómalo con calma

Tienes que aprender a recostarte y relajarte. Realmente no hay necesidad de apresurarse. La vida tiene que ser vivida en el carril lento y disfrutada. Apurarse en todo lo que haces con el motivo de alcanzar el éxito en un corto período de tiempo, solo te afectará negativamente. Tienes que pasar un tiempo para analizar todas tus decisiones y luego dar el siguiente paso. No te asustes absolutamente en ninguna situación. Nada va a cambiar de la noche a la mañana, e incluso si sucede, volverá a la normalidad de inmediato.

Todo cambiará

Una actitud negativa es sólo momentánea. Tienes que decirte que nada es constante en este mundo y lograrás una actitud positiva en un instante. Nada en este mundo será una constante y está sujeto a que haya un cambio. En definitiva, absolutamente todo cambiará y, por lo tanto, si está pasando por una mala etapa ahora mismo, puedes tener la garantía de que mejorará en cualquier momento. Tu actitud positiva es lo único que te ayudará a cambiar tu vida y cambiar una actitud negativa a una positiva.

Mantener la negatividad a raya

Hay varias cosas en la vida que te afectarán negativamente. Puede ser una persona o una cosa. Si está causando que te sientas deprimido, debes hacer un esfuerzo extra para mantenerlo lo más alejado posible de ti. Tienes que intentarlo o conscientemente mantenerte alejado y, si se trata de una persona, entonces puedes pedirle firmemente que se mantenga alejada. Puede ser un familiar o un amigo que está causando el problema. También puede ser un hábito o el hábito de otra persona y, mientras te esté estancando, tienes que intentar erradicarlo.

No te menosprecies

Nunca dudes de ti mismo ni dudes de tu capacidad. El menospreciarse a sí mismo solo reducirá tu potencial y hará que desarrolles una actitud muy negativa. Nunca debes sentarte a pensar en tus pérdidas y culparte por ello. Tampoco debes compararte con los demás y pensar cómo has logrado mucho menos que los demás. Tendrá como causa que pierdas la confianza en ti mismo y acabarás viviendo una vida de compromiso. Tienes que desarrollar una actitud muy positiva y eso, a su vez, te ayudará a desarrollar la confianza para asumir todos los desafíos que se presentan en este mundo.

No vivas en el pasado

Si vives en el pasado, nunca podrás progresar y te quedarás atascado con una actitud negativa. Comenzarás a pensar en un incidente pasado y te sentirás deprimido. No tendrás la confianza para seguir adelante y una actitud positiva comenzará a evadirte. Tienes que aprender a dejar ir y seguir adelante con tu vida. ¿Cuál es el punto de sentarse a enfadarse con la leche derramada? Lo que terminó, terminó, eso no va a cambiar y lo único que cambiará es tu actitud. Con tu actitud renovada, podrás olvidar el pasado y seguir adelante.

Sin autocompasión

Nunca te autocompadezcas. De hecho, la autocompasión es una de las actitudes más negativas que una persona puede desarrollar. Si sufres de inseguridad y de autocompasión, nunca tendrás un crecimiento positivo. La felicidad te evadirá y no podrás crecer en la vida. ¡Si hay alguien que se compadece de tu estado o te hace sentir lástima por ti mismo, corta todos los lazos de una vez! No puedes permitir que otros influyan en tu proceso de pensamiento. Tampoco debes permitirte sentir pena por ti. Todo mejorará y tu actitud positiva te ayudará a mejorar tu estado.

Que no te afecte la crítica/juicio

Nunca debes ser afectado por la crítica ni el juicio. Mira las críticas a través de un lente diferente. Desarrollar resistencia y también desarrollar una actitud positiva hacia ella. Tienes que ser capaz de asumir críticas y convertirlas en un aspecto positivo. Piénsalo como una crítica constructiva. Toma todo lo que dicen y transfórmalo tú mismo. Usa sus palabras y cambia para ser una mejor persona. No intentes devolverles la crítica, ya que eso creará una actitud negativa en ti. Desarrolla una actitud positiva hacia cualquier cosa y aprende a cambiar las cosas a tu favor.

Destaca como en un concurso
La vida no necesita ser siempre un concurso. Realmente no hay ninguna competencia constante y no siempre es una carrera. El hecho de que llegues en primera posición cada vez no va a ser una posibilidad y es importante que estés contento con lo que obtienes. Habrá ganancias y habrá pérdidas. Si te aferras a la idea de perder y te esfuerzas mucho por ganar cada vez, solo estarás engañándote a ti mismo y causándote daño. Tienes que

dejar de hacer de que todo sea una competencia y aprender a que sea un buen deporte.

Inspírate

Mira las distintas personas a tu alrededor. Mira a tus padres, a tus hermanos, a tus mejores amigos. Mira lo felices que son y la actitud positiva que tienen hacia la vida. Mira cómo van fortaleciéndose más y más, solo por poseer una perspectiva positiva hacia la vida. ¿Por qué no puedes hacer lo mismo? ¿Por qué tienes que depender solo de ti mismo para generar la inspiración? Estará por todo tu alrededor y solo tendrás que abrir los ojos para mirarlo. Mira a los niños pequeños a tu alrededor que llevarán una vida muy feliz, que estará completamente libre de negatividad.

Siempre apréciate a ti mismo

Aprecia todo lo que hagas. Apláudete a ti mismo a cada logro. Incluso si se trata de un pequeño logro, apláudete a ti mismo. No siempre puedes tener a alguien aplaudiendo por ti. Tú mismo tienes que hacerlo. Debes consentirte cada vez que logres algo. Tendrá una influencia muy positiva sobre ti. Te inspirarás para apuntar más alto y lograr más éxito. Eso, a su vez, te hará muy feliz.

Sé agradecido

Desarrolla la actitud de ser agradecido a todas personas en tu vida que lo hacen que tu vida sea lo que es. Hay tanta gente que hará todo lo posible para que su vida sea lo más tranquila y feliz posible, y tendrás que identificarlos y agradecerles. Comenzando por el trabajo no apreciado de tu madre, de criarte, de atender todas tus necesidades, hasta el trabajo de tus mejores amigos para que tu vida sea un poco menos sombría. La vida es un esfuerzo colectivo y no se puede dar nada ni nadie por sentado. Tienes que tener una actitud positiva y agradecerles por quienes son.

Cree en dar

Siempre cree en regalar cosas. No te sientas negativamente hacia el compartir. Si tus padres no compartieran su amor, entonces no habrías existido. Del mismo modo, si Dios no compartiera su amor contigo, entonces no habrías tenido una vida tan buena. Siempre sé amable con los demás y desarrolla la actitud positiva de cuidar y compartir. Recuerda, siempre solo recuperarás lo que das.

Acepta el recibir
Acepta todo lo que recibas con mucha gracia. No desprecies o ridiculices las palabras amables de alguien o alguna muestra de su amor. Tu bondad será juzgada por tu reacción cuando trates algo y cómo lo aceptarás. No puedes rechazar lo que te es dado de buena fe. Deja de tener una actitud negativa hacia el hecho de tomar un favor, ya que solo te afectará negativamente. Tienes que tener la confianza de aceptar lo que sea que se te presente.

Futura línea de acción
Siempre es un error pensar en el pasado y apresurarse hacia el futuro. Pero es importante tener un plan de acción listo. Tienes que tener una actitud ambiciosa y

siempre pensar positivamente. Tienes que ser capaz de actuar inmediatamente y ser lo más proactivo posible. No debes dudar si algo en lo que te aventuras no se completará o asumir un resultado improbable. En su lugar, debes pensar en cómo lograrás el éxito al aventurarte positivamente en algo nuevo con mucha confianza.

Capítulo 4: Rutina diaria para una actitud positiva

Acabamos de ver las diversas cosas que debes hacer para deshacerte de toda la negatividad en tu vida. No hay verdad en el hecho de que debe de haber un poco de negatividad para que pueda equilibrarse la positividad. No hay absolutamente ninguna correlación con la negatividad extrema que ayude a aumentar la positividad, de hecho, hace justo lo contrario.

En este capítulo, veremos las diversas cosas pequeñas que puedes hacer a diario para desarrollar y mantener una perspectiva positiva hacia la vida y también ser capaz de inspirar a las personas a tu alrededor para que desarrollen una actitud positiva para ellas mismas.

Estas cosas son simples de hacer y su práctica regular es seguro que reforzarás una actitud muy positiva e inspiradora.

Ve a la cama feliz

Una de las cosas principales que determinarán si tendrás un día feliz y positivo al día siguiente es: que vayas a dormir feliz la noche anterior. Por simple que parezca, es la verdad absoluta e incluso tiene respaldo científico. Si vas a la cama sintiéndote enojado contigo mismo o con alguien, o andas de mal humor, entonces seguramente tendrás un mal día siguiente. Tienes que resolver todos tus problemas antes de caer en los brazos de Morfeo y despertarte sintiéndote extremadamente feliz al día siguiente. Estos tipos de pequeños cambios son los que a la larga te sumará para que puedas a llevar una vida positiva y feliz.

Despiértate temprano

Siempre es importante levantarse temprano. Las primeras horas del día son el mejor momento para pasar un tiempo reflexionar sobre tu vida y desarrollar una actitud positiva. También realizarás más cosas y tendrás tiempo libre para ti en las tardes. Dejarás de precipitarte en las cosas y las tomarás con calma. No te preocuparás por hacer las distintas cosas a tiempo y dejarás de entrar en pánico. También podrás pasar más tiempo con tus amigos y socializar con más frecuencia.

Conéctate con la familia

Es extremadamente importante que pases tiempo de calidad con tu familia. Después de todo, debes tener un sistema de apoyo y un ambiente positivo para que, de esta manera, puedas convertirse en una persona positiva. Llévalos de viaje y cena con ellos. Pasa tanto tiempo con ellos como puedas. Te ayudarán a superar las diversas dificultades de tu vida. También te ayudarán a dar lo mejor de ti en la vida y lograr los mejores resultados.

Conéctate con los compañeros

Es extremadamente importante tener un buen *rapport* con todos tus compañeros de trabajo y colegas. Tendrás que pasar mucho tiempo con ellos y tener una buena relación con ellos será excelente. Si no eres amigable con ellos, y hay constantes peleas y discusiones en la oficina, entonces terminarás desarrollando una actitud negativa en la vida. Y más que la desarrolles, te verás obligado a asumir una perspectiva negativa. Eso, a su vez, reducirá su eficiencia y también hará que no puedas dar lo mejor para las cosas que hagas. Por lo tanto, tienes que hacer todos los esfuerzos posibles para conectarte tanto como sea posible con todas las personas con las que interactúas a diario.

Ejercítate

Tienes que comprender que, tu actitud positiva solo sucederá si los químicos en tu cerebro te lo permiten. Hay dos sustancias químicas que permiten a una persona desarrollar sus actitudes. Una es la serotonina y la otra es el cortisol. Si hay demasiado cortisol, la persona siempre estará deprimida y siempre tendrá un enfoque muy negativo hacia la vida.

Por otro lado, si una persona tiene un exceso de serotonina, entonces siempre estará feliz y verá la vida a través de un lente positivo. Ahora, para promover este último y detener lo primero, una persona tiene que consentirse con el ejercicio. El ejercicio diario ayuda a reducir el cortisol y promover la liberación de serotonina en el cerebro. Así que haz una pequeña rutina diaria para ayudarte en tu viaje para alcanzar la felicidad.

Yoga

El yoga es muy parecido al ejercicio y funciona más o menos de la misma manera. Pero también incorpora ejercicios de meditación y respiración, que a su vez te ayudan a mantener el estrés a raya y te permiten desarrollar una actitud positiva. La meditación involucra que entres en un estado de trance y te concentres en nada más que en los diversos aspectos positivos de tu vida. Con el tiempo, podrás erradicar con éxito toda la negatividad y vivir una vida de felicidad y aceptación de quién eres.

Dieta y estilo de vida

La dieta juega un papel muy importante en el equilibrio de los dos químicos en tu cerebro. Hay alimentos y sustancias que harán que su cerebro libere más cortisol, ya sea de comida chatarra, alimentos procesados, con cafeína, etc. y sustancias como drogas, alcohol, cigarrillos, etc. Tendrás que mantenerte lejos de todo esto si deseas llevar una vida libre de negatividad.

¡Usted tiene que comer alimentos saludables como ensaladas y vegetales frescos que incrementarán los niveles de serotonina y uno de los mejores alimentos para consumir que sirve para este mismo propósito es el chocolate!

Relájate

Tienes que recostarte para relajarte tanto como puedas. Toma descansos durante el día para ayudar a prevenir la acumulación de estrés. Consiéntete con meditaciones oportunas cuando esté en tu oficina o lleva un libro para leer. También debes darte el gusto de actividades terapéuticas, como ir al spa para ayudar a relajarte y reponerte. Toma un masaje mensualmente para eliminar el estrés y las tensiones.

Sigue tu corazón

Siempre tienes que seguir tu corazón. Ve tras tus sueños y piensa positivamente. Seguramente encontrarás el éxito. Te alegrarás por haber hecho algo que siempre has querido. También ayudarás a tus seres queridos y a otras personas que te idealizan para mejorar sus vidas y seguir sus sueños.

Explora

Tienes que viajar y explorar el mundo. Debes viajar y tomarte unas vacaciones. Viaja a un lugar de peregrinación para hacer las paces contigo mismo y encontrar a tu persona feliz que está oculta en ti. Visita un lugar como el Tíbet donde los monjes te inspirarán para disminuir toda la negatividad e incrementar tu actitud positiva. Tienes que salir de tu entorno y ver cómo funciona el resto del mundo y el cambio en ti será automático y aparente.

Voluntariado

Cree en retribuir a la sociedad y hacer un voluntariado Te hará sentir bien y también te permitirá sentirte extremadamente bien. Comienza por mirar las cosas en tu casa y tu armario, y céntrate en las diversas cosas que no necesitas. Haz una lista de los lugares a donde puedes llevar a regalar tus cosas. Regala todos tus libros viejos a las bibliotecas, los juguetes viejos a orfanatos. Los demás te agradecerán y su sincera gratitud ayudará a traer la positividad.

También puedes ser voluntario en un comedor comunitario. Puedes tener una venta de garaje u organizar una recaudación de fondos. Hay tantas actividades en las que puedes participar como voluntario y de cada una, obtener una felicidad sin precedentes.

Pasatiempo

Siempre haz tiempo para hacer algo que ames. Puede ser bailar o un pasatiempo como cocinar. Hay varias opciones terapéuticas para elegir, dependiendo de lo que más te guste para relajarte y reponerte.

Inscríbete en una clase como pasatiempo y descubre un nuevo talento en ti. En definitiva, te ayudarán a distraerte de tus problemas diarios y también a aclarar tu proceso de pensamiento.

Reduce el tiempo de televisión

A veces, la televisión puede anunciar telenovelas y series que te impactarán negativamente. Incluso el canal de noticias, por sí, puede mostrar contenido deprimente y hacer que desarrolles depresión. Por lo tanto, debes de ver lo menos que puedas de televisión. Si no lo puedes reducir, puedes ver programas inspiracionales y documentales.

Lee

Debes desarrollar el hábito de la lectura. Y si ya tienes el hábito de lector, tienes que convertirte en uno voraz. No siempre tiene que ser un libro de autoayuda, también puede ser un libro inspirador. Puedes obtener una membresía de biblioteca o simplemente descargar una aplicación para libros electrónicos. Mientras el libro te inspire y te cuente historias de cómo una actitud positiva te ayudará a ser un ganador, estarás en buenas manos. También puedes leer las autobiografías de personajes famosos que se han enfrentado a varias dificultades en la vida y, sin embargo, han conquistado todas ellas y alcanzado el éxito y la felicidad.

Conclusión

Te agradezco una vez más por descargar este libro electrónico y espero que hayas tenido una buena lectura.

La felicidad parece estar agotándose por momentos debido a las diversas tensiones en nuestra vida. Ahora está comenzando a parecer un producto caro que ninguno de nosotros se puede costear.

El propósito principal de este libro fue ayudarte a comprender cómo tener una actitud positiva puede ayudar a lograr una felicidad inmensa.

En el capítulo 1 vimos cómo una actitud positiva puede ayudar a generar felicidad y cómo mirar la vida a través de un lente renovado puede ayudar a mejorarla varias veces.

En el capítulo 2 vimos cómo podemos diferenciar entre aspectos positivos y negativos, y cómo debemos separar conscientemente los dos.

El Capítulo 3 observamos cómo debemos reducir la actitud negativa y cómo lo podemos hacer de manera eficiente.

www.ingramcontent.com/pod-product-compliance
Lightning Source LLC
Chambersburg PA
CBHW071908070526
44583CB00016B/1902